SEKUNDARSTUFE I + II
Klasse 5 – 13

Henriette Dausend

Digital unterrichten

Apps & Co. im **Englischunterricht** gezielt einsetzen

BAND 2

Fertige Stundenentwürfe

Cornelsen

Zur Autorin:

Henriette Dausend ist Professorin für Fachdidaktik Englisch an der Technischen Universität Chemnitz. Sie forscht und lehrt zum digitalen und multilingualen Lernen im Englischunterricht der Primar- und Sekundarstufe.

Alle aufgeführten Systeme und Tools stellen nur Beispiele für die Unterrichtsgestaltung dar. Bitte stimmen Sie sich mit Ihrer Schulleitung dazu ab, welche Systeme oder Tools an Ihrer Schule im Rahmen der Unterrichtsgestaltung genutzt werden dürfen.

Projektleitung: Dorothee Weylandt, Berlin
Redaktion: Judith Krieg, Berlin
Umschlaggestaltung: Corinna Babylon, Berlin
Layout und technische Umsetzung: Reemers Publishing Service GmbH, Krefeld

www.cornelsen.de

1. Auflage 2024

Druck: H. Heenemann, Berlin

ISBN 978-3-589-16946-7

PEFC zertifiziert
Dieses Produkt stammt aus nachhaltig bewirtschafteten Wäldern und kontrollierten Quellen.
www.pefc.de

Inhaltsverzeichnis

I Über das Buch

Noch mehr Material zum digitalen Lernen? Ja!

Digitalisierung und Digitalität sind feste Bestandteile unseres gesellschaftlichen Lebens und damit auch der Bildungslandschaft. Die digitale Infrastruktur in den Schulen wächst zunehmend, die Lehrenden erwerben immer mehr Kompetenzen im Einsatz digitaler Lernsettings und für die Schüler/-innen ist Digitalität ein Pfeiler der Welt, in der sie aufwachsen. Gerade weil die Nutzung digitaler Endgeräte und ihrer Funktionen allgegenwärtig geworden ist, sollte diese gesamtgesellschaftliche Veränderung noch stärker im schulischen Lehren und Lernen verankert werden. Es gilt, die Digitalität in Schule zu fördern und mit aktuell relevanten Themenfeldern wie Gesundheit, Achtsamkeit, Diversität, Globalisierung und Nachhaltigkeit zu verknüpfen.

Die Idee des neuen Bandes

Der bereits erschienene erste Band zeigt Lehrkräften an Einstiegsbeispielen, wie sie digitale Werkzeuge in ihrem Englischunterricht einsetzen können. Die Themen orientieren sich an den Basisthemen aller Lehrpläne und bei der Auswahl der digitalen Tools wurden vor allem solche beachtet, die zur Basisausstattung in Schulen gehören. Diese thematische Einbettung und die Auswahl der Tools sollte den Lehrenden einen niederschwelligen Einstieg im Umgang mit digitalen Lernsettings bieten.

Im zweiten Band sollen diese Basisanwendungen und -themen nun vertieft und erweitert werden. So werden Lernsettings beschrieben, die sowohl Tools und Apps nutzen als auch Themen bearbeiten, die den ersten Band ergänzen und erweitern. Um eine möglichst einfache Umsetzung sicherzustellen, werden in den Lernsettings immer mehrere Varianten digitaler Hard- und Software vorgestellt bzw. immer mindestens ein Beispiel für Apps und Software genannt. Auf diese Weise kann jede Lehrkraft einen einfachen Zugang zu einer App/Software finden oder auch die Ideen dieses Bandes auf andere, präferierte Apps/Software anpassen.

Thematisch ist der Fokus auf Inhalte gerichtet, die sich auf die spezifische Lebenswelt der Schüler/-innen beziehen. Angeboten werden Lernsettings zu den Themenbereichen Gesundheit/Wohlbefinden, Achtsamkeit, Mein Leben/Diversität, Globalisierung und Nachhaltigkeit. Auf diese Weise werden klassische Themen der Curricula erweitert oder angepasst. Denn für all die hier verwendeten Themen lassen sich Kompetenzen beschreiben, die in den Curricula verankert sind. Der Band enthält ebenfalls konkrete Kompetenzbeschreibungen zu jedem Lernsetting.

Methodisch-didaktisch bieten alle hier versammelten Lernsettings kooperative, individualisierende und/oder kognitiv aktivierende Lernformate. Zusätzlich orientieren sich die Themen an der Lebenswelt der Schüler/-innen und bieten Bezüge zum eigenen Erleben. Als Werkzeuge dienen dabei immer digitale Tools für sich allein oder in logischer Kombination mit analogen Medien – je nach Kompetenzzielen. Es gibt in den meisten Lernsettings auch konkrete Hinweise darauf, welche Phasen analog umgesetzt werden können. Alle Arbeitsblätter sind analog verfügbar, jedoch ist auch eine digitale Bearbeitung möglich.

Zusammenfassend lässt sich sagen, dass dieser zweite Band neue Lernsettings zu schülerorientierten Themenfeldern bietet, die alle an den gültigen Kompetenzstandards für den Englischunterricht der Klassenstufen 5–13 orientiert sind und sämtliche thematischen Inhalte, methodisch-didaktischen Annahmen sowie die verwendeten Tools auf Kompetenzen beziehen.

Den 1. Band von *Digital unterrichten im Englischunterricht* erhalten Sie unter der ISBN 978-3-589-15913-0.

II Kurze theoretische Einführung in die Themen

Thema/Titel	Klasse	Digitale Medien	Kompetenzen	Kurzbeschreibung
Themenblock 1: Gesundheit und Wohlbefinden				
1.1 *Healthy Lifestyle* – Einen Text auf Basis von Keywords verfassen	5–7	AnswerGarden, IWB/Laptop mit Beamer, Smartphones oder Tablets zum Zugriff auf AnswerGarden	Die SuS setzen sich mit der Thematik *Gesundheit* auseinander, indem sie • Bilder beschreiben, • den Aussagen anderer zuhören und darauf reagieren, • einen Titel für ein Bild in Partnerarbeit erarbeiten, • Assoziationen zu einem Begriff finden und in AnswerGarden eintippen, • die von ihnen gewählten Begriffe benennen und deren Wahl begründen, • Begriffe auswählen und in einem Text sinnlogisch zusammenfügen, • Texte vorlesen und Feedback geben.	Die SuS setzen sich mit Begrifflichkeiten zum Thema Gesundheit auseinander und verfassen einen kurzen Text zum selben Thema. Mit dem Tool AnswerGarden sammeln sie individuelle Ideen zum Thema Gesundheit im Plenum und schreiben auf Grundlage dieser Ideen eigene Texte.
1.2 *Digital Detox* – Das digitale Nutzungsverhalten der Klasse erheben, darstellen und reflektieren	7–13	IWB/Laptop mit Beamer, Smartphones oder Tablets für die Präsentation, App (z. B. Scratch Jr)	Die SuS setzen sich mit ihrem individuellen Nutzungsverhalten digitaler Medien auseinander, indem sie • ihr subjektiv empfundenes Nutzungsverhalten mündlich beschreiben, • Interviewfragen formulieren und im Plenum mündlich diskutieren, • andere SuS interviewen und sich schriftlich Notizen machen, • mit anderen SuS Notizen vergleichen und Aussagen schriftlich formulieren, • die Aussagen in einem animierten Video oder einer Präsentation zusammenführen und mit mündlichen und visuellen Impulsen unterstützen, • Gemeinsamkeiten und Unterschiede zwischen den Aussagen in Bezug auf das Nutzungsverhalten der einzelnen Gruppen verstehen und benennen.	Die SuS beschäftigen sich mit Fragen zu ihrem eigenen digitalen Nutzungsverhalten. Gemeinsam überprüfen sie dieses empfundene Nutzungsverhalten in gegenseitigen Interviews. Die SuS entwickeln Interviewfragen, interviewen einander und bereiten die Ergebnisse in einem animierten Video oder einer Präsentation auf.
1.3 *Guided Relaxation* – Mit einer selbstentwickelten Fantasiereise entspannen	7–13	IWB/Laptop mit Beamer, ggf. Audiodatei einer Fantasiereise, Smartphones oder Tablets für die Audioaufnahmen	Die SuS setzen sich mit dem Thema *Entspannung* auseinander, indem sie • eine Fantasiereise unternehmen und über ihre Empfindungen berichten, • benennen, was eine gute Fantasiereise ausmacht, • in Partnerarbeit Ideen für eine eigene Fantasiereise sammeln und diese Ideen in der Klasse mündlich vorstellen, • Feedback zu den Ideen der anderen Teams geben, • Feedback zu den eigenen Ideen mit dem/der Partner/-in besprechen, • Inhalte und einen Ablauf für ihre Fantasiereise festhalten, • die Geschichte formulieren und aufschreiben, • die Fantasiereise vorlesen und aufnehmen.	Die SuS beschäftigen sich mit dem Thema Entspannung, indem sie a) eine Fantasiereise unternehmen und b) eine eigene in Partnerarbeit verfassen. Die Geschichten werden digital aufgenommen. Alle Geschichten werden in der Klasse vorgespielt oder vorgelesen und reflektiert.

Thema/Titel	Klasse	Digitale Medien	Kompetenzen	Kurzbeschreibung
Themenblock 2: Achtsamkeit				
2.1 *Finding Details* – Die Umgebung in einer Collage festhalten	alle	Digitale Endgeräte zum Fotografieren, vorinstallierte Apps zum Erstellen von Collagen (z. B. ScrapBook/ Project Life für Android, Photofy für iOS), IWB oder Laptop mit Beamer	Die SuS setzen sich mit der Thematik *Finding Details* auseinander, indem sie • Details erkennen, diese Details Gegenständen zuordnen und ihre Ideen mündlich im Plenum darstellen und begründen, • in Partnerarbeit eigene Gegenstände und deren Details auswählen und sich Notizen für die Gründe der Auswahl machen, • ausgewählte Gegenstände im Gespräch mit einem anderen Paar benennen, zuordnen, erklären und begründen, • eigene Ideen in der Klasse mündlich vorstellen und begründen, • aus ausgewählten Fotos von Gegenständen und deren Details Collagen digital erstellen, • die Collagen anderer sichten, Favoriten auswählen und die Auswahl schriftlich begründen.	Die SuS schärfen ihren Fokus, Details in ihrer Umgebung wahrzunehmen, diese zu benennen und Objekten zuzuordnen. In Paaren erstellen die SuS Fotos von ausgewählten Gegenständen sowie deren Details und stellen diese in digitalen Collagen zusammen. Alle SuS wählen ihre liebste Collage aus und begründen ihre Wahl schriftlich und mündlich.
2.2 *Journaling* – Ein digitales Tagebuch schreiben	alle	Smartphones oder Tablets, vorinstallierte Apps zum Journaling (z. B. DayOne), IWB oder Laptop mit Beamer	Die SuS reflektieren ihre vergangenen 24 Stunden und fassen diese in einem digitalen Tagebucheintrag (Text kombinierbar mit Ton und Bild) zusammen, indem sie • Aktivitäten und Begegnungen der vergangenen Stunden erinnern, mündlich beschreiben und schriftlich festhalten, • sich mit anderen SuS über das Vergangene austauschen und versuchen, Gemeinsamkeiten im Erlebten zu benennen, • mit einem/-r anderen Schüler/-in näher ins Gespräch kommen, indem Zusatzfragen gestellt und deren Antworten notiert werden, • einen digitalen Tagebucheintrag erstellen (und ggf. dabei Text mit Bild und Ton verbinden), • über ihre Erfahrungen beim Erstellen des digitalen Tagebucheintrags berichten, • ausgewählte Einträge in der Klasse ansehen und besprechen, • mit der Lehrkraft überlegen, auf welche Weise sie regelmäßig Einträge schreiben können und was sie sich davon erhoffen.	Die SuS überlegen, was sie in den letzten 24 Stunden erlebt haben. Mit anderen SuS suchen sie nach Gemeinsamkeiten, indem sie weitergehende Fragen stellen und Notizen dazu machen. Diese Informationen dienen als Grundlage, um einen digitalen Tagebucheintrag (z. B. mit der App DayOne) am Smartphone oder Tablet zu erstellen. In den folgenden Stunden sollte die Möglichkeit, weitere Einträge zu erstellen, von der L unterstützt werden, um die Methode des Journaling als Routine anzubieten.

Thema/Titel	Klasse	Digitale Medien	Kompetenzen	Kurzbeschreibung
2.3: *Living Consciously* – Ein Erklärvideo zu einem bewussten Lebensstil	8–13	IWB/Laptop mit Beamer, Smartphones oder Tablets, App/Software (z. B. simpleshow.com)	Die SuS erstellen ein Erklärvideo zum Thema *Living Consciously*, indem sie • vorgegebene Begriffe zum Thema benennen, übersetzen und in ihrer Bedeutung erklären, • brainstormen, welche Aspekte für sie ein bewusstes Leben ausmachen und dies mit der Lehrkraft in einer Mindmap sammeln, • die gemeinsame Mindmap in Einzelarbeit um eigene Aspekte schriftlich ergänzen, • die Ergänzungen der Mindmap im Plenum mündlich benennen und begründen, • in Partnerarbeit Aspekte eines gesunden Lebensstils auswählen, • in Partnerarbeit einen Ablauf für ihr Video planen, • in Partnerarbeit Texte für das voice over schriftlich formulieren, • in Partnerarbeit visuelle Ergänzungen planen, auswählen, erstellen, • ihre Planung in der Software umsetzen, • die Videos anschauen und anhand eines Beobachtungsrasters reflektieren, • die Videos im Plenum besprechen.	Die SuS erstellen in Partnerarbeit ein Video, in dem sie Aspekte eines bewussten und gesunden Lebensstils erklären. Die Facetten ihres individuellen Lebensstils nutzen sie als Grundlage, um ein Skript für das Video zu erstellen, welches sie dann digital (mit z. B. simpleshow.com) umsetzen. Alle Videos werden hintereinander gezeigt, die SuS machen sich im Sinne einer Jury Notizen und besprechen die Videos einzeln während eines zweiten Screening-Durchlaufs.
Themenblock 3: Mein Leben/Diversität				
3.1 *This is me* – Sich in einem Kurzfilm vorstellen	5–8	Digitale Endgeräte zum Filmen (Smartphones/Tablets), auf den Geräten installierte Videoapp, IWB oder Laptop mit Beamer	Die SuS setzen sich mit der Thematik *This is me* auseinander, indem sie • überlegen und mündlich benennen, was sie ausmacht, • mit einem/-r anderen Schüler/-in sammeln, was sie beide ausmacht und es schriftlich festhalten, • gemeinsam überlegen, welche Aspekte in einem Video genannt werden sollen, • die Darstellung von Dingen, den Ablauf des Videos und ihre Handlungen festlegen, • eigene Ideen in einem Video umsetzen, • ihr Video und sich als Personen einem Publikum zeigen, • im Gespräch mit der Klasse mögliche Darstellungen begründen.	Die SuS drehen in Partnerarbeit kurze Filme, in denen sich beide mit ausgewählten Teilen ihrer Persönlichkeit vorstellen. Hierzu fertigen sie Notizen an und überlegen dann in Partnerarbeit, welche Aspekte sie auf welche Weise im Video darstellen möchten. Die Videos können in der Klasse gezeigt und für weiteren sprachlichen Austausch genutzt werden.
3.2 *My Favourite Song* – Eine Präsentation	7–13	Digitale Endgeräte zum Abspielen von Musik, Audio-	Die SuS setzen sich mit der Thematik *My Favourite Song* auseinander, indem sie • einen vorgegebenen Song hören und das Verstandene mündlich wiedergeben, • eigene Lieblingssongs auswählen und ihre Wahl schriftlich begründen, • mit einem/-r Schüler/-in gemeinsam einen Song auswählen,	Die SuS hören sich einen von der L ausgewählten Song an und versuchen, dessen Inhalt zu verstehen und wiederzugeben. Die SuS sammeln

Thema/Titel	Klasse	Digitale Medien	Kompetenzen	Kurzbeschreibung
zu einem Lieblingslied erstellen		Dateien, Smartphones/Tablets für die Paare, App z. B. BookCreator	• ihren Song hören und alles Verstandene notieren, • online Hintergrundinformationen zu ihrem Song sammeln, • ein Profil ihres Songs inklusive Hörbeispiel, den schriftlich oder mündlich aufbereiteten Informationen und visueller Gestaltung digital erstellen, • das eigene Profil präsentieren, • die Profile anderer Songs verstehen und Feedback geben.	eigene Lieblingssongs in einer Liste. Die SuS erstellen ein digitales Profil zu einem Song. In diesem Profil wird der Song mit den Informationen und visueller Gestaltung verknüpft und digital umgesetzt (z. B. mit der App BookCreator).
3.3 *Dreams and Wishes* – Ein digitales Vision Board kreieren	8–13	Smartphones/Tablets, App zum Erstellen von Vision Boards oder Mindmaps, ein Abspielgerät und einen Song zum Thema *future*	Die SuS beschäftigen sich mit Ideen und Wünschen für ihre Zukunft, indem sie • das Thema *future/dreams and wishes* aus einem Song heraushören und mit eigenen Ideen verbinden, • ihre Ideen zum Thema spontan benennen, • sich individuell konkrete Gedanken zu ihren Ideen und Wünschen zur Gestaltung ihrer Zukunft machen und diese stichpunktartig in einer Mindmap festhalten, • im Plenum erste Ideen benennen, • auf Grundlage der Mindmap ein digitales Vision Board zu ihren Ideen und Wünschen für die Zukunft erstellen, • ihre Vision Boards in Kleingruppen präsentieren, • in der Kleingruppe Gemeinsamkeiten und Unterschiede zwischen den Ideen und Wünschen entdecken und schriftlich festhalten, • Gemeinsamkeiten und Unterschiede zwischen den Ideen und Wünschen innerhalb der Kleingruppen im Plenum besprechen.	Die SuS werden angeregt, über Ideen und Wünsche bezüglich ihrer Zukunft nachzudenken. In einem ersten Schritt halten sie ihre Idee handschriftlich in einer Mindmap fest und setzen sie dann in ein digitales Vision Board (z. B. mit der App Padlet) um. In einem zweiten Schritt werden die Vision Boards in Kleingruppen vorgestellt und zusammen nach Unterschieden und Gemeinsamkeiten untersucht. Diese werden notiert und im Plenum besprochen.
Themenblock 4: Globalisierung und Nachhaltigkeit				
4.1 *Travel Log* – Einen Trip planen	alle	Smartphones/Tablets, Kalenderfunktion, Internetbrowser, Notiz-App	Die SuS planen in Kleingruppen einen Trip, indem sie • ein Bild (oder Video) zum Thema Reisen beschreiben, • eigene Erfahrungen mit dem Thema Reisen sowie Wünsche dazu benennen, • im Plenum benennen, welche Aspekte bei der Planung einer Reise wichtig sind, • im Plenum Schritte für das Planen einer Reise besprechen und festhalten, • in Kleingruppen einen Ort und Zeitraum festlegen, • Rechercheaufgaben in der Kleingruppe verteilen bzgl. Anreise, Unterkunft, Aktivitäten,	Die SuS planen in Kleingruppen eine (fiktive) Reise ins englischsprachige Ausland. Dabei benutzen sie die Kalenderfunktion eines Smartphones oder Tablets. Sie legen fest, wohin sie reisen wollen und wie viele Tage sie Zeit haben. Dann recherchieren sie online, was sie an dem Ort alles

Thema/Titel	Klasse	Digitale Medien	Kompetenzen	Kurzbeschreibung
			• Budget kalkulieren, Anreise- und Übernachtungsmöglichkeiten sowie Aktivitäten auswählen, • alles Geplante in einer Kalender-App zum Verlauf einer Reise zusammenfügen, • ihre Ergebnisse präsentieren, • Vergleiche zu anderen Planungen anstellen.	unternehmen können, wählen Aktivitäten aus und kalkulieren ein Budget. Außerdem planen sie, mit welchen Verkehrsmitteln sie zu ihrem Ort gelangen und wo/wie sie übernachten und sich verpflegen.
4.2 *Sustainable Lifestyle* – Digitales Logbuch zum eigenen nachhaltigen Verhalten erstellen	7–10	Digitale Endgeräte zum Verfassen der Tagebucheinträge, vorinstallierte Apps für Notizen, kostenlose Notizen-Apps oder z. B. die App Daybook	Die SuS setzen sich mit der Thematik *Sustainable Lifestyle* auseinander, indem sie • beschreiben, was einen nachhaltigen Lebensstil ausmacht und warum dieser wichtig ist, • mit einem/-r anderen Schüler/-in Aspekte eines nachhaltigen Lebensstils schriftlich festhalten, • ihre Ideen mit denen eines anderen Paares mündlich vergleichen, • alle Ideen in der Klasse vorstellen und in einer Liste zusammenfügen, • über einen festgelegten Zeitraum Tagebuchnotizen verfassen, in denen sie schriftlich festhalten, welche der Aspekte eines nachhaltigen Lebensstils sie umgesetzt haben.	Die SuS erleben in einer Videosequenz die Relevanz eines nachhaltigen Lebensstils. Täglich bzw. zu jeder Englischstunde schreiben die SuS einen kurzen Tagebucheintrag (mit der App Notizen oder z. B. Daybook) zu ihrem nachhaltigen Lebensstil.
4.3 *Waste of digital devices* – Recherchieren und präsentieren	9–13	Digitale Endgeräte zur Recherche	Die SuS setzen sich mit der Thematik *Entsorgung von digitalen Endgeräten* auseinander, indem sie • den eigenen Haushalt auf nicht mehr zu gebrauchende digitale Endgeräte hin untersuchen, • das Leben eines digitalen Endgerätes und seincn Nutzen anhand ihrer alten Geräte rekonstruieren, • sich in der Kleingruppe mit einer Frage zur Entsorgung von digitalen Endgeräten intensiv beschäftigen, • den eigenen Arbeitsprozess in der Kleingruppe planen und steuern, • gewonnene Einsichten und Ergebnisse in einer Präsentation (analog oder digital) aufbereiten, • ihre Ergebnisse präsentieren, • sich Fragen zu den Präsentationen anderer SuS überlegen, notieren und diskutieren.	Die SuS setzen sich mit der Aussonderung und Verschrottung von digitalen Endgeräten auseinander. Während ihrer Recherche erleben die Lernenden die englische Sprache als lingua franca und erhalten einen Überblick über den Umgang mit ausrangierten digitalen Endgeräten.

Unterrichtsidee 1.1: *Healthy Lifestyle* – Einen Text auf Basis von Keywords verfassen (Klasse 5–7)

Stundenthema/ Kurzbeschreibung	Die SuS setzen sich mit Begrifflichkeiten zum Thema Gesundheit auseinander und verfassen einen kurzen Text zum selben Thema. Mit dem Tool AnswerGarden sammeln sie im Plenum individuelle Ideen zum Thema Gesundheit und schreiben auf Grundlage dieser Ideen eigene Texte.
Digitale Medien	AnswerGarden, IWB/Laptop mit Beamer, Smartphones oder Tablets zum Zugriff auf AnswerGarden
Vorbereitung	Auswählen eines Bildes, Erstellung eines AnswerGardens (www.answergarden.ch)
Material	Worksheet
Sozialform	Einzelarbeit, Partnerarbeit, Plenum
Kompetenzbereich/ Lehrplanbezug	Die SuS setzen sich mit der Thematik Gesundheit auseinander, indem sie • ein Bild mündlich beschreiben, • den Aussagen anderer zuhören und darauf reagieren, • einen Titel für ein Bild in Partnerarbeit erarbeiten, • Assoziationen zu einem Begriff finden und in die Anwendung AnswerGarden eintippen, • die von ihnen gewählten Begriffe benennen und deren Wahl begründen, • Begriffe auswählen und in einem Text sinnlogisch zusammenfügen, • Texte vorlesen und Feedback geben.
Achtung! ⚠	Die SuS benötigen digitale Endgeräte zur Eingabe ihrer Ideen. Sollten nicht genügend Geräte vorhanden sein, könnten Begriffe in Kleingruppen überlegt werden, die dann gemeinschaftlich von der Gruppe eingegeben werden.
Info zur Anwendung	AnswerGarden ist in den Niederlanden von zwei Programmierern entwickelt worden, die ein Abstimmungstool für eigene Lehrveranstaltungen brauchten.

Stundenverlauf

Phase	Unterrichtsverlauf	Sozialform	Material
Einführung	Die L zeigt ein Bild für alle SuS sichtbar im Raum (per IWB oder Beamer an der Wand). 1) Die SuS benennen, was sie auf dem Bild sehen (*What do you see in the picture? Describe in your own words.*) 2) Die SuS überlegen sich in einem kurzen Partnergespräch einen Titel für das Bild (*With your partner, find a title for this picture. What is it about?*) 3) Die SuS stellen ihre Titel vor und finden gemeinsam heraus, dass das Bild die Thematik „Gesundheit / ein gesundes Leben / auf sich achtgeben“ behandelt.	Plenum, Partnerarbeit	Bild, IWB oder Laptop/Beamer

Erarbeitung 1, Sicherung 1	Die L zeigt den SuS einen QR-Code zu einem AnswerGarden, den sie zuvor erstellt hat. Sie erklärt den SuS, dass dieser QR-Code zu einem AnswerGarden führt, in den Begriffe eingegeben werden können, die dann von der App sortiert und in einer Übersicht angeordnet werden. Die SuS scannen den Code und tippen Begriffe ein, die ihnen zum Thema „Gesundheit / ein gesundes Leben / auf sich achtgeben" einfallen. Die L zeigt den entstandenen AnswerGarden für alle sichtbar und fragt: • *„Which are the most important aspects related to health for you according to the AnswerGarden?"* • *„Why did you choose these aspects?"* Die SuS erklären ihre Ideen und Beweggründe bei der Wahl von Begriffen. Sollten besonders interessante oder auffällige Begriffe darunter sein, kann die L diese noch einmal explizit aufgreifen: • *„Someone wrote ... Why this is important to someone? What do you think?"*	Plenum, Einzelarbeit	QR-Code zum AnswerGarden, IWB oder Laptop/Beamer
Erarbeitung 2	Die L zeigt den AnswerGarden weiterhin für alle sichtbar. Die SuS schreiben nun mithilfe der Begriffe einen Text zum Thema „Gesundheit / ein gesundes Leben / auf sich achtgeben", indem sie 1) mindestens fünf Begriffe (z. B. *healthy food*), die ihnen persönlich am meisten zusagen, aus dem in der Klasse erstellten AnswerGarden auswählen und handschriftlich notieren; 2) zu jedem Begriff einen Satz formulieren, der den Begriff weiter ausführt und Informationen zum Thema enthält (z. B. *It is important to eat vegetables to keep your body fit*); 3) einen Text zum Thema formulieren, in dem alle der mindestens fünf gewählten Begriffe auftauchen.	Einzelarbeit	AnswerGarden, Worksheet
Sicherung 2	Die SuS lesen ausgewählte Texte vor und die anderen SuS achten darauf, welche Begriffe aus dem AnswerGarden im Text genutzt wurden. Die SuS geben Feedback, ob alle Begriffe verständlich genutzt wurden, um eine Facette des Themas darzustellen.	Plenum	AnswerGarden, Worksheet

Name:

Healthy Lifestyle

Task 1: Note down five words (minimum) from the AnswerGarden.

1: ______________________________

2: ______________________________

3: ______________________________

4: ______________________________

5: ______________________________

Task 2: Write one sentence for each word. Explain the word with this sentence.

Task 3: Write a short text about health. Use all five words to explain what health is.

Unterrichtsidee 1.2: *Digital Detox* – Das digitale Nutzungsverhalten der Klasse erheben, darstellen und reflektieren (Klasse 7–13)

Stundenthema/ Kurzbeschreibung	Die SuS beschäftigen sich mit Fragen zu ihrem eigenen digitalen Nutzungsverhalten. Gemeinsam stellen sie erste Annahmen auf, in welchem Umfang sie welche Geräte nutzen, und überprüfen dieses empfundene Nutzungsverhalten in gegenseitigen Interviews. Hierfür entwickeln die SuS in Einzel- und Partnerarbeit Interviewfragen, interviewen einander und bereiten die Ergebnisse in Kleingruppen (z. B. mit der App Scratch Jr) zu einem animierten Video oder einer Präsentation auf. Alle Videos/ Präsentationen werden vorgestellt und auf Gemeinsamkeiten und Unterschiede hin untersucht, das Nutzungsverhalten digitaler Medien betreffend.
Digitale Medien	IWB/Laptop mit Beamer, Smartphones oder Tablets für die Präsentation, App (z. B. Scratch Jr)
Vorbereitung	App auf Endgeräte downloaden
Material	Worksheet 1–3
Sozialform	Einzelarbeit, Partnerarbeit, Gruppenarbeit, Plenum
Kompetenzbereich/ Lehrplanbezug	Die SuS setzen sich mit ihrem individuellen Nutzungsverhalten digitaler Medien auseinander, indem sie • ihr subjektiv empfundenes Nutzungsverhalten mündlich beschreiben, • Fragen mündlich formulieren und schriftlich festhalten, die sie anderen in Bezug auf deren Nutzungsverhalten stellen möchten, • Interviewfragen im Plenum mündlich diskutieren, • andere SuS interviewen und sich schriftlich Notizen machen, • mit anderen SuS Notizen vergleichen und Aussagen schriftlich formulieren, • die Aussagen in einem animierten Video oder einer Präsentation zusammenführen und mit mündlichen und visuellen Impulsen unterstützen, • Gemeinsamkeiten und Unterschiede zwischen den Aussagen in Bezug auf das Nutzungsverhalten der einzelnen Gruppen verstehen und benennen.
Achtung! ⚠	Die Erarbeitung der Worksheets kann bereits digital erfolgen, wenn genügend digitale Endgeräte vorhanden sind. Hier ist immer die Frage zu stellen, welchen Nutzen eine digitale Bearbeitung hat, und ob es ggf. mehr Sinn ergibt und weitere Kompetenzen gefördert werden, wenn handschriftlich Notizen gemacht werden. Die SuS benötigen digitale Endgeräte, wenn digitale Präsentationen ihrer Ergebnisse erstellt werden sollen. Die App Scratch Jr muss vorher auf die Geräte geladen werden. Sie ist kostenlos in allen gängigen Appstores vorhanden.
Info zur Anwendung	Alle Worksheets können auch digital an einem Tablet, Laptop oder Smartphone bearbeitet werden. Die App Scratch Jr kann zum Erstellen einer Präsentation genutzt werden. Ursprünglich richtet sich die App an jüngere Kinder im Alter von 5–7 Jahren, sie kann jedoch auch in höheren Altersklassen genutzt werden. Die visuellen Vorlagen erlauben es, eigene Ideen schnell und intuitiv in einer Abfolge von Bild und Ton umzusetzen, sodass wenig Unterrichtszeit für den Umgang mit der App verloren geht.

Stundenverlauf

Phase	Unterrichtsverlauf	Sozialform	Material
Einführung	Die L fragt die SuS, wie viel Zeit des Tages diese mit der Nutzung digitaler Medien verbringen. Die SuS • schätzen ihre eigene Nutzungszeit ein (*How long do you use digital devices each day?*); • benennen, welche digitale Medien sie nutzen (*Which digital devices do you use daily?*); • beschreiben, welche Handlungen sie an diesen Medien durchführen und welchen Nutzen das jeweilige Verhalten für sie hat (*Why do you use these devices and what for?*). Zu den Aussagen der SuS macht die L für alle sichtbar Notizen an der Tafel/IWB.	Plenum	Tafel oder IWB
Erarbeitung 1	Die L erklärt, dass die SuS sich in der heutigen Stunde gegenseitig zu ihrem Verhalten mit digitalen Medien interviewen werden. Die SuS überlegen in Partnerarbeit, welche Fragen sie einander in Bezug auf das Nutzungsverhalten von digitalen Medien stellen möchten, und notieren erste Ideen zu möglichen Interviewfragen (Worksheet 1).	Partnerarbeit	Worksheet 1
Sicherung 1	Die SuS stellen ihre Fragen in der Klasse vor. Sie besprechen gemeinsam, welche Fragen sie nutzen möchten, und die L sammelt zentrale Fragen an der Tafel oder am IWB.	Plenum	Tafel oder IWB
Erarbeitung 2.1	Die SuS nutzen die gesammelten Fragen, um zwei bis drei andere SuS zu ihrem Medienverhalten zu befragen. Die SuS machen sich Notizen zu den erhaltenen Antworten (Worksheet 2).	Partnerarbeit	Worksheet 2
Erarbeitung 2.2	In Kleingruppen stellen sich die SuS die aus den Interviews gewonnenen Antworten vor und fassen diese zu prägnanten Aussagen zusammen (Worksheet 3). In Absprache mit der L formulieren sie fünf bis sieben Aussagen zu ihren Interviewergebnissen schriftlich in jeweils ein bis zwei Sätzen. Mit der App Scratch Jr erstellen die SuS ein animiertes Video oder eine Präsentation, indem sie für jede Aussage eine Folie gestalten, auf welcher ein gewählter Protagonist die zu präsentierende Aussage darstellt.	Gruppenarbeit	Worksheet 3, digitales Endgerät, z. B. App Scratch Jr
Sicherung 2	Alle Kleingruppen zeigen ihre animierten Videos und Präsentationen (mit z. B. Scratch Jr) in der Klasse und geben sich gegenseitig Feedback zu 1) den Aussagen, 2) der gestalterischen Darstellung. Die SuS diskutieren, welche Gemeinsamkeiten und Unterschiede bei der Nutzung digitaler Medien zwischen den Gruppen zu erkennen sind.	Plenum	Digitales Endgerät, z. B. App Scratch Jr

Name:

Digital Detox

Task: Note down questions you like to ask your classmates to understand their media use better.

e.g.: *How long do you use digital device each day?*

Name:

Digital Detox

Task: Interview a partner. Use the questions on the board. Take notes about the answers.

Partner 1:

Partner 2:

Partner 3:

Name:

Digital Detox

Task: Check your findings with your partners. Create 5–7 sentences about the usage of media from your answers.

Unterrichtsidee 1.3: *Guided Relaxation* – Mit einer eigenen Fantasiereise entspannen (Klasse 7–13)

Stundenthema/ Kurzbeschreibung	Die SuS beschäftigen sich mit dem Thema Entspannung, indem sie a) eine Fantasiereise unternehmen und b) eine eigene in Partnerarbeit verfassen. Zunächst probieren die SuS eine Fantasiereise aus, die die L vorbereitet hat, berichten über ihre Empfindungen während und nach dieser Reise und besprechen mit der L, was eine gute Fantasiereise ausmacht. In Partnerarbeit erarbeiten sie eigene Ideen für ihre Fantasiereise, besprechen diese in der Klasse und schreiben daraufhin ihre eigenen Geschichten. Die Geschichten werden digital aufgenommen, als Audiodateien. Alle Geschichten werden in der Klasse vorgespielt oder vorgelesen und reflektiert.
Digitale Medien	IWB/Laptop mit Beamer, ggf. Audiodatei einer Fantasiereise, Smartphones oder Tablets für die Audioaufnahmen
Vorbereitung	Eine geeignete Fantasiereise auswählen und als Audiodatei mitbringen oder das Vorlesen vorbereiten
Material	Worksheet 1–3
Sozialform	Partnerarbeit, Plenum
Kompetenzbereich/ Lehrplanbezug	Die SuS setzen sich mit dem Thema Entspannung auseinander, indem sie • eine Fantasiereise unternehmen und über ihre Empfindungen berichten, • benennen, was eine gute Fantasiereise ausmacht, • in Partnerarbeit Ideen für eine eigene Fantasiereise sammeln und diese Ideen in der Klasse mündlich vorstellen, • Feedback zu den Ideen der anderen Teams geben, • Feedback zu den eigenen Ideen mit dem/der Partner/-in besprechen, • Inhalte und einen Ablauf für ihre Fantasiereise festhalten, • die Geschichte formulieren und aufschreiben, • die Fantasiereise vorlesen und aufnehmen, • die Fantasiereise mit den anderen in der Klasse ausprobieren und reflektieren.
Achtung! ⚠	Das Erleben von Entspannung und Fantasiereisen ist sehr individuell. Daher kann es sein, dass die SuS bei der Frage, was eine „gute“ Fantasiereise ausmacht, verschiedene Aspekte benennen. Auch können die Reisen unterschiedlich ausfallen, wenn die SuS ihre individuellen Schwerpunkte legen. Der Fokus der Stunde liegt somit auf dem individuellen Erleben und dem Gespräch darüber sowie einer authentischen Verwendung der Fremdsprache in einem für die SuS bedeutsamen individuellen Kontext.
Info zur Anwendung	Alle Worksheets können auch digital an einem Tablet, Laptop oder Smartphone bearbeitet werden.

Stundenverlauf

Phase	Unterrichtsverlauf	Sozialform	Material
Einführung	Einführung ins Thema *relaxation*: Die L zeigt den SuS für alle einsehbar die Begriffe *relax* und *relaxation* und fragt: • *„What is written on the board?"* • *„What do the two words mean? Explain in your own words."* • *„Why do we have both words on the board?"* Die SuS stellen Vermutungen zum Stundenthema und -inhalt an. Die L erklärt, dass das heutige Thema Entspannung ist.	Plenum	Tafel oder IWB, Audio einer Fantasiereise
Erarbeitung 1	Die L erklärt den SuS, dass sie nun gemeinsam eine Entspannungsübung in Form einer *imaginary journey* durchführen werden. Die L bittet die SuS, die Augen zu schließen, sich bequem hinzusetzen, möglicherweise die Arme auf den Tisch zu legen und den Kopf darauf abzulegen, zuzuhören und der Geschichte zu folgen. Die L spielt eine Fantasiereise ab oder liest diese vor. Die SuS folgen der Geschichte.	Plenum	Fantasiereise (als Audiodatei oder vorgelesen von der L)
Sicherung 1	Die L fragt die SuS nach ihrem Erleben und Empfinden während und nach der Fantasiereise: • *„How was the activity for you?"* • *„How did you feel during the activity?"* • *„Did you feel your body?"* • *„Which thoughts came to your mind?"* • *„How do you feel now?"* Die L fragt weiter nach dem Verständnis der Geschichte: • *„What was the journey about?"* • *„Which keywords did you understand?"* • *„What was the structure of the story?"* • *„What are the main elements of an imaginary journey?"* Die L sammelt wichtige Punkte für alle einsehbar an der Tafel und erklärt den SuS, dass sie nun ihre eigene *guided relaxation* in Form einer *imaginary journey* erarbeiten.	Plenum	Tafel oder IWB
Erarbeitung 2	Mit einem/-r Partner/-in sammeln die SuS Ideen, wozu sie sich gerne einmal entspannen würden. Sie überlegen, • wo ihre Geschichte spielt, • wie es dort aussieht, • welches Wetter herrscht, • welche Tiere, Menschen, Dinge in der Geschichte vorkommen, • worauf sie achten müssen, damit es für die Zuhörer/-innen entspannend ist.	Partnerarbeit	Worksheet 1
Sicherung 2	Die SuS stellen ihre Ideen in der Klasse vor und geben sich gegenseitig Feedback.	Plenum	Worksheet 1

Erarbeitung 3	Die SuS • besprechen zu zweit das Feedback der Klasse, • überlegen, ob sie aufgrund des Feedbacks etwas an ihren bisherigen Planungen ändern wollen, • planen den Ablauf ihrer Geschichte im Detail (Worksheet 2), • sammeln alle sprachlichen Fragen, die sie noch haben, und suchen eigenständig (oder auf Nachfrage mithilfe der L) nach Vokabular und Grammatikhilfen am Tablet/Smartphone, • formulieren ihre Geschichte aus und halten sie schriftlich fest (analog auf Worksheet 3 oder digital), • lesen einander die Geschichte vor und legen ein gutes Tempo für das Vorlesen fest, • nehmen eine Version der Lektüre mit dem Smartphone oder Tablet auf.	Partnerarbeit	Worksheet 2, Worksheet 3
Sicherung 3	Die SuS lesen ihre Geschichten in der Klasse vor oder spielen die Audioaufnahmen ab. Die anderen SuS folgen der Geschichte und beschreiben, was sie beim Zuhören empfunden haben.	Plenum	Fantasiereise (gelesen und als Audiodatei abgespielt)

Name:

Guided Relaxation

Task: Collect ideas for your own story.

Where is your story set? Place, environment, weather, ...

How does your place look like? Try to name some details.

Who else is there? People, animals, things, ...

What happens in your story?

What has to be in your story so that listeners can relax?

Name:

Autor: Henriette Dausend: Digital unterrichten. Apps & Co. im Englischunterricht gezielt einsetzen. Band 2

Guided Relaxation

Task: Create a storyline. Fill in the table.

	Setting/Place	Who/What is there?	What happens?	Details for relaxation
Introduction				
Scene 1 / aspect 1				
Scene 2 / aspect 2				
Scene 3 / aspect 3				
End/summary				

Name:

Guided Relaxation

Task:

a. Write down your story. Use your notes from Worksheet 1 and 2.

b. Check for language and grammar.

c. Decide for a pace to read your story.

d. Read your story to your partner. Give feedback.

Unterrichtsidee 2.1: *Finding Details* – Die Umgebung in einer Collage festhalten (alle Klassenstufen)

Stundenthema/ Kurzbeschreibung	Die SuS schärfen ihren Fokus, Details in ihrer Umgebung wahrzunehmen, diese zu benennen und Objekten zuzuordnen. Dabei ordnen sie erstens ihnen gezeigte Details Gegenständen zu und wählen zweitens selbst Gegenstände und deren Details aus, um sie anderen zu zeigen und zu begründen, warum sie diese ausgewählt haben. In Paaren erstellen die SuS Fotos von ausgewählten Gegenständen sowie deren Details und stellen diese in digitalen Collagen zusammen. Jede/-r Schüler/-in wählt seine/ihre liebste Collage aus und begründet die Wahl schriftlich und mündlich.
Digitale Medien	Digitale Endgeräte zum Fotografieren (Smartphones/Tablets), vorinstallierte Apps zum Erstellen von Collagen (z. B. ScrapBook oder Project Life für Android, Photofy für iOS), IWB oder Laptop mit Beamer
Vorbereitung	Es ist zu entscheiden, inwieweit Tablets der Schule oder die privaten Geräte der SuS genutzt werden können. Die passende App für Collagen ist herunterzuladen; ggf. sind Konten anzulegen. Ein Beispielbild vom Detail vorbereiten.
Material	Digitale Endgeräte (Smartphones oder Tablets), digitale Fotos, IWB oder Laptop/ Beamer, Worksheet 1–3
Sozialform	Partnerarbeit, Gruppenarbeit, Plenum
Kompetenzbereich/ Lehrplanbezug	Die SuS setzen sich mit der Thematik *Finding Details* auseinander, indem sie • Details erkennen, diese Details Gegenständen zuordnen und ihre Ideen mündlich im Plenum darstellen und begründen, • in Partnerarbeit eigene Gegenstände und deren Details auswählen und sich Notizen zur Begründung der Auswahl machen, • ausgewählte Gegenstände im Gespräch mit einem anderen Paar benennen, zuordnen, erklären und begründen, • eigene Ideen in der Klasse mündlich vorstellen und begründen, • aus ausgewählten Fotos von Gegenständen und deren Details Collagen digital erstellen, • die Collagen der anderen sichten, Favoriten auswählen und die Auswahl schriftlich begründen.
Achtung! ⚠	Die Stunde ist in allen Klassenstufen durchführbar. Je geringer die Kompetenzen in der Fremdsprache sind, desto mehr sprachliche Unterstützung kann gegeben werden bzw. kann der Fokus auf das Visuelle der Collagen und die mündlichen Beschreibungen gelegt werden. Wichtig ist zu prüfen, auf welche Weise die Collagen den anderen SuS zugänglich gemacht werden können. Zudem sollte überlegt werden, a. inwieweit die Collagen nach der Erarbeitung digital gesichert und den SuS zur Verfügung gestellt werden können; b. ob die Collagen gedruckt und aufgehängt werden sollen und c. ob sie für weitere Lernimpulse genutzt werden können und sollen.
Info zur Anwendung	Die Nutzung von Apps für Collagen ist meist sehr einfach in der Handhabung. Möglicherweise liegen hier Erfahrungen der SuS vor, die besprochen werden können. Auch bieten einige Apps die Möglichkeit, Kommentare zu den Collagen hinzuzufügen. Es ist zu prüfen, ob dies eine zusätzliche Option ist. Möglicherweise wird in kostenlosen Apps Werbung angezeigt bzw. werden weitere Optionen durch Zusatzkauf angeboten.

Stundenverlauf

Phase	Unterrichtsverlauf	Sozialform	Material
Einführung	Die L zeigt den SuS ein Bild von einem Detail eines Gegenstands im Klassenraum. 1) Die L fragt die SuS: *„What do you see? Describe the picture."* 2) Die SuS beschreiben das Bild und versuchen zu benennen, was es sein könnte (Nachfrage durch L: *„What is it?"*). Die SuS stellen Vermutungen an, was das Bild darstellen könnte. 3) Falls Hilfe nötig ist, kann die L ergänzen, dass es sich um ein Detail von etwas handelt. (*„What you see is part of something bigger. You can find it in this room."*) 4) Gemeinsam vergleichen die SuS das Detail mit dem Gegenstand und die L erklärt, dass es heute darum gehe, Details zu entdecken.	Plenum	IWB oder Laptop mit Beamer, Fotos
Erarbeitung 1	Zusammen mit einem/-r anderen Schüler/-in wählen die SuS drei Gegenstände aus und überlegen sich, welche Details sie festhalten möchten. Mit einem Smartphone oder einem Tablet fotografieren sie jeweils 1) den Gegenstand in seiner ganzen Größe und einem angemessenen Teil seiner Umgebung, 2) ein Detail des Gegenstands. Die SuS treffen jeweils ein anderes Paar und tauschen sich aus. 1) Ein Paar zeigt dem anderen seine Detailbilder und das andere Paar benennt, worum es sich handelt. a. *„In the picture, I see …"* b. *„What I see in this picture can be a part of …"* 2) Das Paar löst das Rätsel auf, indem es den anderen SuS die Fotos des gesamten Gegenstands zeigt. Die L begleitet die Arbeit der Kleingruppen und hilft bei Fragen.	Partnerarbeit, Gruppenarbeit	Ein Smartphone/ Tablet pro Paar, Worksheet 1
Sicherung 1	Ausgewählte Paare zeigen ihre Details und Gegenstände der gesamten Klasse und erklären, 1) worum es sich handelt (*„What you see is part of …"*), 2) warum sie dieses Detail ausgewählt haben (*„We chose this detail because …"*), 3) wie es ihnen gelungen ist, die Details der anderen Gruppe dem ihnen zunächst unbekannten Gegenstand zuzuordnen (*„Naming the detail was hard/ easy/challening because …"*)	Plenum	Smartphone/ Tablet, IWB oder Laptop mit Beamer

Erarbeitung 2	Im Anschluss an die Besprechung erhalten die SuS die Aufgabe, in Partnerarbeit 1) mindestens fünf Gegenstände und je zwei bis drei Details an diesen auszuwählen und zu fotografieren; 2) die Fotos zu sichten und auszuwählen, welche sie nutzen wollen, um sie zu einer Collage zusammenzufügen; 3) die Gegenstände und deren Details in einer App collagenartig anzuordnen. Um es übersichtlich und bedienbar zu handhaben, kann eine Collage pro Gegenstand erstellt werden.	Partner-arbeit	Smartphone/ Tablet, App zum Erstellen eines Fotobuches/Collagen (z. B. ScrapBook oder Project Life für Android, Photofy für iOS), Worksheet 2
Sicherung 2	Option 1: Sollten Geräte der Schule genutzt worden sein, können die SuS die Geräte im Klassenraum auslegen und in einem Galerierundgang die Werke der anderen SuS anschauen. Option 2: Die Collagen der SuS werden für alle sichtbar am IWB oder per Beamer gezeigt. Die SuS sollen sich überlegen, welche Collage sie am besten finden und warum (Worksheet 3). Im Plenum sagen sie, welche Collage ihnen am besten gefallen hat, und nennen Gründe dafür.	Plenum	Smartphone/ Tablet, IWB/Laptop und Beamer, Collagen, Worksheet 3

Name:

Finding Details

Task 1: With a partner, choose three objects in this room and decide which details you want to photograph.

	Name of Object	Detail
Object 1		
Object 2		
Object 3		

Task 2: With a partner, take pictures with your digital device.

a. Take a picture of the whole object. Include some background.

b. Take pictures of the detail.

Task 3: Meet another pair and show your pictures to each other. Use the following phrases:

a. In the picture, I see …

b. What I see in this picture can be a part of …

Name:

Finding Details

Task 1: With a partner, choose five objects and up to three details.

	Detail 1	Detail 2	Detail 3
Object 1			
Object 2			
Object 3			
Object 4			
Object 5			

Task 2: Take pictures of all and create a collage for each object.

Name:

Finding Details

Task 1: Take a look at the collages. Which one do you like best? What do you like about the collage? Take notes.

My favourite collage shows …

The details of the collage show …

I like the collage most because …

Unterrichtsidee 2.2: *Journaling* – Ein digitales Tagebuch schreiben (alle Klassenstufen)

Stundenthema/ Kurzbeschreibung	Die SuS überlegen, was sie in den letzten 24 Stunden erlebt haben. Die L bietet Fragen an, die sowohl zur eigenen Reflexion als auch zum Anstoß von Gesprächen dienen. Nachdem die SuS zu ihren Erlebnissen Notizen gemacht haben, suchen sie mit anderen SuS nach Gemeinsamkeiten, indem sie weitergehende Fragen stellen und Notizen dazu machen. Diese Informationen dienen als Grundlage, um einen digitalen Tagebucheintrag (z. B. mit der App DayOne) am Smartphone oder Tablet zu erstellen. In den folgenden Stunden sollte die Möglichkeit, weitere Einträge zu erstellen, von der L unterstützt werden, um den SuS die Methode des Journaling als Routine anzubieten.
Digitale Medien	Smartphones oder Tablets, vorinstallierte Apps zum Journaling (z. B. DayOne), IWB oder Laptop mit Beamer
Vorbereitung	Es ist zu entscheiden, inwieweit Tablets der Schule oder die privaten Geräte der SuS genutzt werden können. Die passende App für das Journaling ist herunterzuladen. Sollen die Worksheets digital oder analog ausgefüllt werden?
Material	Digitale Endgeräte (Smartphones oder Tablets), App (z. B. DayOne), IWB oder Laptop/ Beamer, Worksheet 1 und 2
Sozialform	Einzelarbeit, Partnerarbeit, Plenum
Kompetenzbereich/ Lehrplanbezug	Die SuS reflektieren ihre vergangenen 24 Stunden und fassen diese in einem digitalen Tagebucheintrag (Text kombinierbar mit Ton und Bild) zusammen, indem sie • Aktivitäten und Begegnungen der vergangenen Stunden erinnern, mündlich beschreiben und schriftlich festhalten, • sich mit anderen SuS über das Vergangene austauschen und versuchen, Gemeinsamkeiten in ihren Erlebnissen zu benennen, • mit einem Schüler / einer Schülerin tiefer ins Gespräch kommen, indem Zusatzfragen gestellt und die Antworten notiert werden, • einen digitalen Tagebucheintrag erstellen (und ggf. dabei Text mit Bild und Ton verbinden), • über ihre Erfahrungen beim Erstellen des digitalen Tagebucheintrags berichten, • ausgewählte Einträge in der Klasse ansehen und besprechen, • mit der L überlegen, auf welche Weise sie regelmäßig Einträge schreiben können und was sie sich davon erhoffen.
Achtung! ⚠	Die Thematik ist sehr persönlich. Den SuS sollte gesagt werden, dass sie selbst entscheiden, was sie mitteilen möchten. Auch bei der Präsentation am Ende sollten nur Einträge von SuS gezeigt werden, die etwas zeigen möchten. Auch sollte die L im Vorfeld einen Blick auf die Einträge werfen.
Info zur Anwendung	Die Nutzung der App DayOne ist selbsterklärend. Die SuS können ohne Probleme damit arbeiten und die App während der Erledigung der Aufgabe erkunden. Möglicherweise können nach einer kurzen Erkundungszeit alle Features der App, die die SUS entdeckt haben, benannt werden, um sicherzustellen, dass alle die gleichen Funktionen nutzen können.

Stundenverlauf

Phase	Unterrichtsverlauf	Sozialform	Material
Einführung	Die L fragt die SuS, was sie gestern und/oder heute erlebt haben. • „*What did you do yesterday/today?*“ • „*Who did you meet?*“ • „*Which activities did you do?*“ • „*What did you have as your last meal?*“ • „*What was your last drink?*“ • „*Did you meet an animal? Which/where?*“ • „*Did you use vehicles and which to go where?*“ • „*What did you do when going to bed / getting up this morning?*“ • „*What was the last song you listened to?*“ • „*What was the last topic you read about?*“ Die SuS beschreiben, was sie gemacht haben. Die L erklärt den SuS, dass es in dieser Stunde darum geht, festzuhalten, was innerhalb der vergangenen ca. 24 Stunden in ihrem Leben passiert ist.	Plenum	Ggf. Fragen für alle einsehbar
Erarbeitung 1	Die SuS 1) beantworten die besprochenen Fragen für sich schriftlich in Stichpunkten und ganzen Sätzen (Worksheet 1); 2) sprechen mit jeweils drei anderen SuS und versuchen, Gemeinsamkeiten in ihren Erlebnissen zu entdecken (Worksheet 2); 3) stellen einem/-r anderen Schüler/-in mindestens drei Fragen zu dem, was die SuS erzählt haben, hören zu und machen sich Notizen (Worksheet 2).	Einzelarbeit, Partnerarbeit	Worksheet 1, Worksheet 2
Sicherung 1	Die SuS 1) benennen interessante Gemeinsamkeiten, die sie entdeckt haben 2) und stellen ausgewählte Zusatzfragen und die dazugehörigen Antworten vor. Alle SuS hören zu und werden angeregt, Rückfragen zu stellen.	Plenum	
Erarbeitung 2	Die L erklärt, dass alle SuS nun Stichpunkte/Sätze festgehalten und Einblick in die Tage der anderen erhalten haben. In der nächsten Aufgabe gehe es darum, die letzten 24 Stunden in einen Tagebucheintrag zu verwandeln (z. B. mit der App DayOne). Die SuS • eröffnen einen Eintrag zum heutigen Tag; • formulieren ein Schlagwort zum Eintrag; • legen einen Ort fest, an dem der Eintrag verfasst wurde; • formulieren auf Grundlage ihrer Notiz einen kurzen Text; • fügen ggf. Bilder, Ton und/oder Videosequenzen hinzu.	Einzelarbeit	Smartphone/ Tablet, Journaling-App (z. B. DayOne)

Sicherung 2	Die SuS 1) beschreiben die Arbeit und ihre Erfahrungen beim Erstellen eines Tagebucheintrags in der App; 2) stellen ggf. einzelne Einträge vor und besprechen gemeinsam Chancen und Herausforderungen dieser Art des Journaling im Vergleich zum handschriftlichen Tagebucheintrag. Die L bespricht mit den SuS, wie das Schreiben des Tagebuchs nun öfter im Rahmen des Unterrichts und auch privat durchgeführt werden könnte. Option 1: eigene Endgeräte: Die SuS überlegen für sich selbst, in welchen Abständen sie Einträge erstellen wollen. Option 2: Geräte der Schule: L und SuS legen Termine für das Journaling fest.	Plenum	Smartphone/ Tablet, IWB/Laptop und Beamer, einzelne Einträge der SuS

Name:

My last 24 hours

Task: Answer all questions for yourself.

a. What did you do yesterday/today?

b. Who did you meet?

c. Which activities did you do?

d. What did you have as your last meal?

e. What was your last drink?

f. Did you meet an animal? Which/where?

g. Did you use vehicles and which to go where?

h. What did you do when going to bed / getting up this morning?

i. What was the last song you listened to?

j. What was the last topic you read about?

Autor: Henriette Dausend: Digital unterrichten. Apps & Co. im Englischunterricht gezielt einsetzen. Band 2

Name:

My last 24 hours

Task 1: Talk to other pupils. Try to find similarities in your days.

Number	Topic	What is similar?	Name of pupil
1			
2			
3			
...			

Task 2: Find a partner. Listen to your partner's day and ask three questions to get more information. Talk first. Take some notes after both of you finished asking and answering.

Question 1: ______________________________

Answer: ______________________________

____

Question 2: ______________________________

Answer: ______________________________

____

Question 3: ______________________________

Answer: ______________________________

____

Unterrichtsidee 2.3: *Living Consciously* – ein Erklärvideo zu einem bewussten Lebensstil drehen (Klasse 8–13)

Stundenthema/ Kurzbeschreibung	Die SuS erstellen in Partnerarbeit ein Video, in dem Aspekte eines bewussten und gesunden Lebensstils erklärt werden. Dabei erarbeiten sie erstens, was einen bewussten Lebensstil allgemein ausmachen kann, und legen zweitens daran angelehnt für sie wichtige Aspekte fest. Diese Facetten ihres individuellen Lebensstils nutzen die SuS als Grundlage, um ein Skript für das Video zu erstellen, welches sie dann digital (mit z. B. simpleshow.com) umsetzen. Alle Videos werden hintereinander gezeigt, die SuS machen sich im Sinne einer Jury Notizen und besprechen die Videos einzeln während eines zweiten Screening-Durchlaufs.
Digitale Medien	IWB/Laptop mit Beamer, Smartphones oder Tablets, App/Software (z. B. simpleshow.com)
Vorbereitung	Wichtig ist zu klären, ob die SuS eigene Geräte verwenden oder Geräte der Schule genutzt werden. Die Software simpleshow.com ist über den Browser erreichbar, allerdings muss man Benutzerkonten anlegen oder sich mit Konten anderer Dienste (wie z. B. google) anmelden.
Material	IWB/Laptop mit Beamer, Smartphones oder Tablets, Software z. B. simpleshow.com, Worksheet 1–3
Sozialform	Einzelarbeit, Partnerarbeit, Plenum
Kompetenzbereich/ Lehrplanbezug	Die SuS erstellen ein Erklärvideo zum Thema *Living Consciously*, in dem sie • vorgegebene Begriffe zum Thema benennen, übersetzen und in ihrer Bedeutung erklären, • brainstormen, welche Aspekte für sie ein bewusstes Leben ausmachen und diese mit der L in einer Mindmap sammeln, • die gemeinsam erstellte Mindmap in Einzelarbeit schriftlich um eigene Aspekte ergänzen, • die Ergänzungen der Mindmap im Plenum mündlich benennen und begründen, • in Partnerarbeit Aspekte eines gesunden Lebensstils auswählen, • in Partnerarbeit einen Ablauf für ihr Video planen, • in Partnerarbeit Texte für das *voice over* schriftlich formulieren, • in Partnerarbeit visuelle Ergänzungen planen, auswählen, erstellen, • ihre Planung in der Software umsetzen, • die Videos anschauen und anhand eines Beobachtungsrasters reflektieren, • die Videos im Plenum besprechen.
Achtung! ⚠	Zur Erstellung von Erklärvideos gibt es viele leicht zu bedienende Apps und Software. Wählen Sie eine aus, die Ihnen zusagt. Die browserbasierte Anwendung von simpleshow.com bietet bereits Vorlagen und Masken, die schnell mit Inhalten gefüllt sind. Achtung: Hierbei können die SuS die Texte nur schreiben und nicht selbst einsprechen.
Info zur Anwendung	Die Mindmap (Worksheet 1) kann verschieden benutzt werden: a. analog an der Tafel und auf dem Arbeitsblatt als Kopie b. als Vorlage am IWB oder auch auf den Geräten der SuS im Format pdf oder jpg, auf welchem dann digital per Stift Notizen gemacht werden können c. digital interaktiv, indem eine digitale Mindmap in Anlehnung an den Aufbau der Mindmap erstellt wird (z. B. mit Padlet). Diese kann am IWB bearbeitet werden sowie gleichzeitig an den Geräten der SuS.

Stundenverlauf

Phase	Unterrichtsverlauf	Sozialform	Material
Einführung	Die L zeigt Begriffe an der Tafel für alle einsehbar: • *Consciousness* • *Awareness* • *Carefully* • *Life* • *Living* Die SuS • benennen die Begriffe (mündlich im Plenum), • übersetzen die Begriffe, • erklären die Bedeutung der Begriffe, • fügen Begriffe in sinnvollen Kombinationen zusammen, • spekulieren über die Aussagen der Kombinationen (wie z. B. *living carefully*).	Plenum	Tafel oder IWB
Erarbeitung 1	Schritt 1: Die L fragt: • *What is a conscious life for you?* • *What does it look like?* • *What does it include?* Die SuS geben spontane Antworten und die L sammelt diese in einer Mindmap für alle einsehbar (analog an der Tafel oder auch digital z. B. mit Padlet). Schritt 2: Die SuS übernehmen die Mindmap und ergänzen eigene Aspekte.	Plenum, Einzelarbeit	Mindmap (analog auf Worksheet 1 oder digital)
Sicherung 1	Die SuS stellen ihre individuellen Ergänzungen vor und begründen diese. Alle Ergänzungen werden der Mindmap hinzugefügt.	Plenum	Tafel oder IWB
Erarbeitung 2	Die SuS finden sich zu zweit zusammen und beginnen mit der Arbeit an einem Erklärvideo, indem sie • Aspekte aus der Mindmap auswählen, welche für sie besonders wichtig für einen bewussten Lebensstil sind; • sich mit dem Programm zum Erstellen des Videos (z. B. simpleshow.com) vertraut machen, um alle Gestaltungsmöglichkeiten zu erfassen; • die Reihenfolge planen, in der Aspekte im Video genannt werden sollen (Worksheet 2); • Texte mit Erklärungen zu den einzelnen Szenen schreiben, welche als *voice over* im Video zu hören sein werden; • Bilder oder Zeichnungen auswählen, die mit dem *voice over* verknüpft werden sollen; • ihr Erklärvideo erstellen.	Partnerarbeit	Mindmap, Worksheet 2, Smartphones, Tablets, Browser für simpleshow.com
Sicherung 2	Alle Videos werden in einem Durchlauf gezeigt. Die SuS machen sich Notizen zu den Videos anhand von Reflexionshinweisen (Worksheet 3). In einem zweiten Durchlauf wird nach jedem Video gestoppt, um dieses anhand der Reflexionsaufgabe kurz zu besprechen.	Plenum	Worksheet 3, IWB, Beamer/ Laptop, Videos

Name:

Living Consciously

Task: Copy the mind-map from the board. Add aspects that are relevant for yourself.

What is a conscious life for you?

Name:

Living Consciously

Task 1: Choose aspects from the mind-map that you want to present in your video.

Task 2: Create a script for your video by filling in the table.

Title of video		
Introduction		
Scene 1 / aspect 1		
Scene 2 / aspect 2		
Scene 3 / aspect 3		
End/summary		

Autor: Henriette Dausend: Digital unterrichten. Apps & Co. im Englischunterricht gezielt einsetzen. Band 2

Name:

Autor: Henriette Dausend: Digital unterrichten. Apps & Co. im Englischunterricht gezielt einsetzen. Band 2

Living Consciously

Task 1: While watching the videos, check for the following aspects and take notes.

	Video 1:								
Choice of facts presented									
Quality of language									
Quantity of language									
Visuals support language									
Length of video									
Introduction and end									

Unterrichtsidee 3.1: *This is me* – Sich in einem Kurzfilm vorstellen (Klasse 5–8)

Stundenthema/ Kurzbeschreibung	Die SuS drehen in Partnerarbeit kurze Filme, in denen sich beide Partner mit ausgewählten Teilen ihrer Persönlichkeit vorstellen. Als Vorbereitung überlegen die SuS, was sie persönlich ausmacht und womit sie sich gerne beschäftigen. Hierzu fertigen sie Notizen an und überlegen dann in Partnerarbeit, welche Aspekte sie auf welche Weise im Video darstellen möchten. Die Videos können später in der Klasse gezeigt und für weiteren sprachlichen Austausch genutzt werden.
Digitale Medien	Digitale Endgeräte zum Filmen (Smartphones/Tablets), auf den Geräten installierte Video-App, IWB oder Laptop mit Beamer
Vorbereitung	Es ist zu entscheiden, inwieweit Tablets der Schule oder die privaten Geräte der SuS genutzt werden können. Die L bringt ein digitales Bild von sich mit.
Material	Digitale Endgeräte (Smartphones oder Tablets), digitales Foto, das die L zeigt, IWB oder Laptop/Beamer, Worksheet 1 und 2
Sozialform	Partnerarbeit, Plenum
Kompetenzbereich/ Lehrplanbezug	Die SuS setzen sich mit der Thematik *This is me* auseinander, indem sie • überlegen und mündlich benennen, was sie ausmacht, • zusammen mit einem/-r anderen Schüler/-in sammeln, was jede/-n von ihnen ausmacht, und es schriftlich festhalten, • gemeinsam überlegen, welche Aspekte in einem Video genannt werden sollen, • die Darstellung von Dingen, den Ablauf des Videos und ihre Handlungen festlegen, • eigene Ideen in einem Video umsetzen, • ihr Video und sich als Personen einem Publikum zeigen, • im Gespräch mit der Klasse mögliche Darstellungen begründen.
Achtung! ⚠	Möglicherweise kann es hilfreich sein, den Ort für die Aufnahmen, die Länge des Videos und die Szenen oder Themen in ihrer Anzahl oder auch inhaltlich weiter einzugrenzen.
Info zur Anwendung	Das Erstellen eines Videos sollte den SuS technisch bekannt sein. Es könnte jedoch thematisiert werden, was einen guten Film ausmacht.

Stundenverlauf

Phase	Unterrichtsverlauf	Sozialform	Material
Einführung	Die L zeigt den SuS ein Bild von sich bei einer Freizeitaktivität. Sie fragt die SuS: „*What do you see in the picture?*" Die SuS beschreiben mündlich, was sie sehen, und benennen Ideen zum Kontext des Bildes und seiner Entstehung. Die L ergänzt Inhalte zum Bild und beschreibt ihre Aktivitäten und den Kontext. Die L fragt die SuS • „*What do you like to do in your free time?*" • „*What are your hobbies?*" • „*What do you like to watch?*" • „*What do you like to read?*" • „*What do you like to listen to?*" Die SuS antworten auf die Fragen.	Plenum	IWB oder Laptop mit Beamer, Foto
Erarbeitung 1	Mit einem/einer anderen Schüler/-in überlegen die SuS, • mit wem und mit was sie ihre Zeit verbringen, • welche Dinge, Werte und Menschen ihnen wichtig sind, • was sie denken, welche Eigenschaften sie ausmacht. Dafür nutzen die Partner/-innen die Fragen auf Worksheet 1 und machen sich Notizen. Gemeinsam überlegen die SuS, welche der festgehaltenen Aspekte die wichtigsten sind und wie sie diese bildlich in einem Film umsetzen können.	Partnerarbeit	Worksheet 1
Sicherung 1	Jedes Paar bespricht mit der L knapp, welche Aspekte sie gerne von sich zeigen würden. Die L stellt im Plenum die Aufgabe vor, dass die SuS zusammen einen kleinen Film drehen sollen, in dem beide Partner/-innen mit den Aspekten, die sie ausmachen, zu sehen sind.	Plenum	Smartphone/ Tablet, IWB oder Laptop mit Beamer
Erarbeitung 2	Die Partner entscheiden sich für • Inhalte, die gezeigt werden sollen, • deren bildliche Darstellung, • den Aufbau und Ablauf des Videos, • die Rollen, die SuS bei der Erstellung des Videos zu übernehmen haben. Die SuS drehen ihre Filme mit der Videofunktion des digitalen Endgerätes. Je nach Zufriedenheit können die SuS mehrere Aufnahmen anfertigen oder die Filme möglicherweise zusammenschneiden.	Einzelarbeit	Smartphone/ Tablet, Videoapp Worksheet 2
Sicherung 2	Die Filme werden der L gezeigt. Die Filme werden in der Klasse gezeigt.	Plenum	Smartphone/ Tablet, IWB/Laptop und Beamer, Filme

Name:

This is me!

Task: Answer the following questions and take notes.

- What do you like to do in your free time?
- What are your hobbies?
- What do you like to watch?
- What do you like to read?
- What do you like to listen to?

Name:

This is me!

Task 1: Create a timeline. What happens when? Fill in the chart.

Task 2: Who does what?

	Partner 1	Partner 2
Scene 1		
Scene 2		
Scene 3		

Unterrichtsidee 3.2: *My Favourite Song* – Eine Präsentation zu einem Lieblingslied erstellen

Stundenthema/ Kurzbeschreibung	Die SuS hören sich einen von der L ausgewählten Song an und versuchen, dessen Inhalt zu verstehen und wiederzugeben. Die SuS sammeln eigene Lieblingssongs in einer Liste und wählen mit einem/-r anderen Schüler/-in einen Song aus, an dem sie gemeinsam arbeiten möchten. Die SuS beschreiben, was sie selbst aus dem Song heraushören, sammeln Informationen rund um den Song und erstellen ein digitales Profil des Songs. In diesem Profil wird der Song mit den Informationen und visueller Gestaltung verknüpft und digital umgesetzt (z. B. mit der App BookCreator). Alle Profile werden präsentiert und dienen als Grundlage für Feedback und Fragen.
Digitale Medien	Digitale Endgeräte zum Abspielen von Musik (Smartphones/Tablets/Laptop/PC/...), Audio-Dateien, Smartphones/Tablets für die Paararbeit, App z. B. BookCreator
Vorbereitung	Es ist zu entscheiden, inwieweit Tablets der Schule oder die privaten Geräte der SuS genutzt werden können. Auch ist die App zum Erstellen der Profile auszuwählen (z. B. BookCreator). Die L bringt einen Song mit.
Material	Digitale Endgeräte (Smartphones/Tablets), Lautsprecher, Audio-Dateien, IWB oder Laptop/Beamer, Worksheet 1 und 2
Sozialform	Einzelarbeit, Partnerarbeit, Plenum
Kompetenzbereich/ Lehrplanbezug	Die SuS setzen sich mit der Thematik *My Favourite Song* auseinander, indem sie • einen vorgegebenen Song hören und das Verstandene mündlich wiedergeben, • eigene Lieblingssongs auswählen und ihre Wahl schriftlich begründen, • mit einem/einer Schüler/-in gemeinsam einen Song auswählen, • ihren Song hören und alles Verstandene notieren, • Hintergrundinformationen zu ihrem Song online sammeln, • ein Profil ihres Songs inklusive Hörbeispiel, den schriftlich oder mündlich aufbereiteten Informationen und visueller Gestaltung digital erstellen, • das eigene Profil präsentieren, • die Profile anderer Songs verstehen und Feedback geben.
Achtung! ⚠	Beim Einfügen des Songs bitte darauf achten, ob dieser rechtlich korrekt heruntergeladen werden kann, im Besitz der SuS ist oder nur als Link eingefügt werden sollte. Sollte ein Song der L dubios erscheinen oder ein FSK höheren Alters besitzen, sollte lieber auf einen anderen zurückgegriffen werden.
Info zur Anwendung	Da es sich um ein digitales Profil des Songs handelt, ist es auch möglich, dass die SuS statt einer Niederschrift Audiodateien aufnehmen, in denen sie die Informationen verbal wiedergeben, und diese hinzufügen.

Stundenverlauf

Phase	Unterrichtsverlauf	Sozialform	Material
Einführung	Die L spielt den SuS einen Song vor und fragt, wer diesen kennt. • „*Who knows this song?*" • „*What is the title of the song?*" • „*Who sings the song?*" • „*Who likes the song and why?*" Nachdem die SuS ihre Eindrücke wiedergegeben haben, erklärt die L, warum sie diesen Song mitgebracht hat: • „*I chose this song, because I like it.*" • „*It is my favorite song at the moment.*" • „*I like it so much, because ...*" Die L gibt den SuS die Aufgabe „*Listen to the song. Pick up all words and sentences you understand and remember them*" und spielt den Song ein weiteres Mal vor. Danach bespricht die L mit der Klasse: • „*Which words or sentences did you pick up?*" • „*What is the song about?*" • „*What is the story of the song?*" • „*Does the music fit to the lyrics and why/why not?*"	Plenum	Digitales Abspielgerät, Lautsprecher, Audio
Erarbeitung 1	Mit einem/einer anderen Schüler/-in überlegen die SuS, welche Songs sie aktuell gut finden. Sie • erstellen eine Liste mit Lieblingssongs, • fügen Erklärungen zu den Songtiteln hinzu (warum diese ihre Favoriten sind), • wählen gemeinsam einen Song aus, mit dem sie weiterarbeiten möchten.	Partnerarbeit	Worksheet 1
Sicherung 1	Jedes Paar stellt seinen Song und die Gründe dafür im Plenum vor. Sollte die L den Song nicht kennen, lässt sie sich von den SuS den Song erklären (oder spielt diesen über z. B. YouTube oder eine andere Plattform kurz an). Achtung: Sollten fragwürdige Songs dabei sein, kann die L die SuS bitten, ihren zweitliebsten Song auszuwählen.	Plenum	Digitales Abspielgerät, Lautsprecher, Audio

Erarbeitung 2	Die Partner/-innen 1) hören sich ihren Song über ein Smartphone oder Tablet noch einmal an und versuchen, einzelne Worte und Sätze zu verstehen; 2) lesen im Internet über ihren Song und machen sich Notizen z. B. zum Datum der Veröffentlichung, dem Interpreten / der Interpretin, dem Produzenten / der Produzentin, dem Autor / der Autorin, der Entstehungsgeschichte, dem Inhalt; 3) erstellen ein Profil zu ihrem Lieblingssong (z. B. mit der App BookCreator), indem sie a. den Song als Audio oder Video oder als Link zu einer Streaming-Plattform einfügen; b. die gesammelten Informationen in angemessenem Umfang hinzufügen; c. alle Inhalte ansprechend und passend zum Song formatieren und gestalten.	Einzelarbeit	Smartphone/ Tablet, Videoapp Worksheet 2
Sicherung 2	Die Werke der SuS werden in der Klasse gezeigt, indem die Songs gespielt und die visuellen Inhalte präsentiert werden. Die SuS werden angeregt, sich ein kurzes Feedback zu überlegen und dieses mündlich zu äußern. Dabei können sie neben allgemeinen Äußerungen auf Folgendes achten: • Songauswahl („*What do you think about the song chosen?*“) • Angemessenheit der Hintergrundinformationen („*How do you like the information given about the song?*“) • Visuelle Darstellung von Bild und Schrift („*How do you like the visual elements and do they fit to the song?*“)	Plenum	Smartphone/ Tablet, IWB/Laptop und Beamer, Filme

Name:

My favourite song

Task 1: Make a list of your favourite songs and write a short explanation what you like about it.

	Title/Singer/Band	I like this song, because …
Song 1		
Song 2		
Song 3		
Song 4		
Song 5		

Task 2: Talk to a partner about your favourite songs and choose one for your team.

Name:

My favorite song

Task: Find information about your song. Fill in the table.

Title Singer/Band Producer Author Published in	
What I understand when I listen to the song. Make a list of words and sentences.	
This song is about … (search information online)	
The story behind our song: • How and why was is created? • Which album is it on? • Does the singer/band still exist?	
… (come up with own ideas)	

Unterrichtsidee 3.3: *Dreams and Wishes* – Ein digitales Vision Board kreieren (Klasse 8–13)

Stundenthema/ Kurzbeschreibung	Die SuS werden angeregt, über Ideen und Wünsche bezüglich ihrer Zukunft nachzudenken. Im Plenum werden erste spontane Ideen festgehalten, die dann von den SuS in Einzelarbeit vertieft werden. In einem ersten Schritt halten die SuS ihre Idee handschriftlich in einer Mindmap fest und setzen sie dann in ein digitales Vision Board (z. B. mit der App Padlet) um. In einem zweiten Schritt werden die Vision Boards in Kleingruppen vorgestellt und gemeinsam auf Unterschiede und Gemeinsamkeiten untersucht. Diese werden notiert und im Plenum besprochen.
Digitale Medien	Smartphones/Tablets, App zum Erstellen von Vision Boards oder Mindmaps, ein Abspielgerät und einen Song zum Thema *future*
Vorbereitung	Wichtig ist zu klären, ob die SuS eigene Geräte verwenden oder Geräte der Schule genutzt werden. Auch ist die App auszuwählen.
Material	Digitale Endgeräte (Smartphones oder Tablets), Vision-Board-App, Abspielgerät und Song, Worksheet 1 und 2
Sozialform	Gruppenarbeit, Plenum
Kompetenzbereich/ Lehrplanbezug	Die SuS beschäftigen sich mit Ideen und Wünschen für ihre Zukunft, indem sie • das Thema *future/dreams and wishes* aus einem Song heraushören und mit eigenen Ideen verbinden, • ihre Ideen zum Thema spontan benennen, • sich individuell konkrete Gedanken zu ihren Ideen und Wünschen zur Gestaltung ihrer Zukunft machen und diese stichpunktartig in einer Mindmap festhalten, • im Plenum erste Ideen benennen, • auf Grundlage der Mindmap ein digitales Vision Board zu ihren Ideen und Wünschen für die Zukunft erstellen, • ihre Vision Boards in Kleingruppen präsentieren, • in der Kleingruppe Gemeinsamkeiten und Unterschiede zwischen den Ideen und Wünschen entdecken und schriftlich festhalten, • Gemeinsamkeiten und Unterschiede zwischen den Ideen und Wünschen innerhalb der Kleingruppen im Plenum besprechen.
Achtung!	Ideen und Wünschen die Zukunft betreffend sind ein sehr intimes Thema. Daher sollte mehrfach darauf hingewiesen werden, dass die SuS nur das notieren und teilen sollen, womit sie sich wohlfühlen. Auch müssen sie nicht zu jeder der vorgeschlagenen Kategorien etwas schreiben. Überdies sollte auf einen sensiblen Austausch innerhalb der Gruppen hingewiesen werden.
Info zur Anwendung	Es kann die App Padlet genutzt werden, aber auch jede beliebige andere App, die Mindmaps und Vision Boards unterstützt.

Stundenverlauf

Phase	Unterrichtsverlauf	Sozialform	Material
Einführung	Die L spielt einen Song ab, in dem es um das Thema Zukunft geht. Die SuS • geben wieder, was sie verstehen, • benennen, ob sie den Song kennen, • benennen das Thema des Songs *future/dreams and wishes.* Die L fragt die SuS, was sie sich von ihrer Zukunft wünschen: • *„What do you wish for in your future?"* • *„What do you think your future looks like?"* • *„What do you want to keep from your current life?"* • *„What do you want to change?"* und sammelt erste Antworten im Plenum.	Plenum	Song zum Thema *future*
Erarbeitung 1	Die L • erklärt den SuS, dass es heute darum geht, ihre Wünsche und Ideen für die Zukunft zu sammeln. Sie können dabei alles notieren, was sie möchten, sei es für die nahe oder die ferne Zukunft; • zeigt den SuS ein Vision Board, das sie z. B. mit der App Padlet erstellt hat (ähnlich Worksheet 1). Die SuS • sammeln in Einzelarbeit Ideen und Wünsche zu ihrer Zukunft, • finden für ihre Ideen und Wünsche Kategorien, denen diese zugeordnet werden können, wie z. B. Familie, Freunde, Hobbies, Beruf, Reisen, ..., • halten ihre Ideen auf Worksheet 1 handschriftlich fest.	Plenum, Einzelarbeit	Worksheet 1, digitale Endgeräte zum Zeigen eines Vision Boards (z. B. App Padlet) durch die L
Sicherung 1	Die SuS benennen einige ihrer Wünsche und Ideen im Plenum und hören die Wünsche und Ideen anderer.	Plenum	Worksheet 1
Erarbeitung 2	Die SuS gestalten ihr eigenes Vision Board mit der App (z. B. Padlet), indem sie die ersten Ideen von Worksheet 1 digital umsetzen. Sie • setzen ihren Namen ins Zentrum des Vision Boards, • verbinden ihren Namen mit Oberkategorien/ Überschriften, • formulieren zu den Kategorien konkrete Wünsche und Ideen und tragen diese in ihr Vision Board ein.	Einzelarbeit	Worksheet 1, digitale Endgeräte zum Zeigen eines Vision Boards (z. B. App Padlet)
Sicherung 2	Die SuS finden sich in Kleingruppen zusammen und stellen ihre Vision Boards vor. Die anderen SuS hören zu, fragen nach und geben Feedback. Gemeinsam werden Unterschiede und Gemeinsamkeiten schriftlich notiert (Worksheet 2). Die Ergebnisse der Gruppenarbeit werden im Plenum vorgetragen und besprochen.	Gruppenarbeit	Worksheet 2, digitale Endgeräte zum Zeigen eines Vision Boards (z. B. App Padlet)

Name:

Dreams and Wishes

Task: What are your wishes and dreams for the future? Create a mind-map and name categories (e.g. family, friends, ...)

dreams and wishes

Autor: Henriette Dausend: Digital unterrichten. Apps & Co. im Englischunterricht gezielt einsetzen. Band 2

Name:

Dreams and Wishes

Task: In your group, present your vision boards to each other. Listen carefully. Make notes about differences and similarities.

Names of group members ____

Family		
Friends		
…		

Unterrichtsidee 4.1: *Travel Log* – Einen Trip planen

Stundenthema/ Kurzbeschreibung	Die SuS planen in Kleingruppen eine (fiktive) Reise ins englischsprachige Ausland. Dabei benutzen sie die Kalenderfunktion eines Smartphones oder Tablets. Sie legen fest, wohin sie reisen wollen und wie viel Zeit sie haben. Daraufhin recherchieren sie online, was sie an dem Ort alles unternehmen können, wählen Aktivitäten aus und kalkulieren ein Budget. Außerdem planen sie, mit welchen Verkehrsmitteln sie zu ihrem Ort gelangen und wie sie übernachten und sich verpflegen.
Digitale Medien	Smartphones/Tablets, Kalenderfunktion, Internetbrowser, Notizen-App
Vorbereitung	Wichtig ist zu klären, ob die SuS eigene Geräte verwenden oder Geräte der Schule genutzt werden. Die Kalenderfunktion kann getestet werden. Außerdem ist zu entscheiden, inwieweit einheitliche Vorgaben zum Ort, zur Dauer des Aufenthaltes, zu Übernachtungs- und Anreisemöglichkeiten gegeben werden, um den SuS einen Rahmen zu bieten. Es ist möglich, recht offen zu formulieren („*Plan a trip*"), oder aber ein konkreteres Szenario zu erschaffen („*John is 16 years old. He wants to go on a trip to Edinburgh. He goes together with his friends Mac and Lionel. They want to stay in Edinburgh for 6 days. Please help them to plan their trip.*")
Material	Digitale Endgeräte (Smartphones oder Tablets), Kalender-App, ggf. Notizen-App, Bild oder Video mit einer Reisethematik
Sozialform	Gruppenarbeit, Plenum
Kompetenzbereich/ Lehrplanbezug	Die SuS planen in Kleingruppen einen Trip, indem sie • ein Bild (oder Video) zum Thema Reisen beschreiben, • eigene Erfahrungen mit dem Thema Reisen sowie Wünsche dazu benennen, • im Plenum benennen, welche Aspekte bei der Planung einer Reise wichtig sind, • im Plenum Schritte für das Planen einer Reise besprechen und festhalten, • in Kleingruppen einen Ort und Zeitraum festlegen, • Rechercheaufgaben in der Kleingruppe verteilen bzgl. Anreise, Unterkunft, Aktivitäten auswählen, • Budget kalkulieren • alles Geplante in einer Kalender-App zum Verlauf einer Reise zusammenfügen, • ihre Ergebnisse präsentieren, • Vergleiche zu anderen Planungen anstellen, • über ihren Planungsprozess im Plenum berichten.
Achtung! ⚠	Es kann hilfreich sein, wenn einheitliche Vorgaben zum Ort, zur Dauer des Aufenthaltes, zu Übernachtungs- und Anreisemöglichkeiten vorgegeben werden, um den SuS einen Rahmen zu bieten. Prinzipiell ist es sowohl möglich, recht offen zu formulieren, als auch ein konkreteres Szenario zu erschaffen (siehe Bsp. unter *Vorbereitung*).
Info zur Anwendung	Eine App mit Kalenderfunktion ist normalerweise auf jedem Smartphone und Tablet bereits vom Hersteller vorinstalliert. Sollte keine vorhanden sein, können in allen gängigen Appstores kostenlos Apps heruntergeladen werden. Dabei ist zu empfehlen, eine App mit einfachem Design und Bedienung zu wählen. Möglicherweise haben auch die SuS Kalender-Apps, mit denen sie bereits vertraut sind. In Erarbeitung 1 (Schritt 2) kann daher geklärt werden, mit welcher App die SuS gerne arbeiten wollen, sollte nicht bereits eine vorgegeben worden sein.

Stundenverlauf

Phase	Unterrichtsverlauf	Sozialform	Material
Einführung	Die L zeigt den SuS das Cover eines Reisemagazins (oder auch ein kurzes Video zu einer Reise). Die SuS benennen, dass es sich um eine Reise handelt. Die L fragt, • *„Do you like to travel?"* • *„Where do you like to go?"* Die SuS geben ihre Erfahrungen und Wünsche wieder. Um konkreter zur eigentlichen Erarbeitung, also zur Reiseplanung, hinzuführen, fragt die L weiter: • *„What do you do before travelling?"* • *„How do you plan a trip?"* • *„Which steps do we have to take when planning a trip?"* Die SuS geben spontan Antworten, die die L für alle sichtbar festhält. Die L erklärt, dass die SuS in Kleingruppen eine eigene Reise planen.	Plenum	Bild oder Video (z. B. per YouTube)
Erarbeitung 1	Die SuS 1) finden sich in Kleingruppen zusammen; 2) klären in ihren Gruppen und mit der L, welche Geräte sie zur Recherche nutzen und welches Gerät, um alle Ergebnisse in einer Kalender-App zu sammeln; 3) entscheiden sich gemeinsam für einen Zielort (sofern dieser nicht vorgegeben wird); 4) entscheiden sich gemeinsam für die Dauer der Reise (sofern diese nicht vorgegeben wird); 5) legen fest, welche/-r Schüler/-in welche Inhalte (Anreise, Übernachtung, Aktivitäten, ...) recherchiert; 6) recherchieren individuell, machen sich Notizen (auf dem Worksheet oder in einer Notizen-App) und tragen ihre Ergebnisse in der Gruppe zusammen; 7) halten ihre Ergebnisse auf dem Worksheet oder in einer Notizen-App fest.	Gruppenarbeit	Worksheet, digitale Endgeräte zum Recherchieren und Notieren
Sicherung 1	Die SuS besprechen den ersten groben Rahmen mit der L, indem sie • Ort, Zeiträume, Anreise und Übernachtung vorstellen; • berichten, welche Aktivitäten möglich sind und welche sie zu welchem Budget gerne unternehmen würden.	Gruppenarbeit	Worksheet, digitale Endgeräte zum Recherchieren und Notieren

Erarbeitung 2	In der Gruppe 1) kalkulieren die SuS ihr Budget und die Zeit, die sie für Aktivitäten benötigen; 2) entscheiden sie, wann sie welche Aktivität durchführen wollen; 3) ordnen die SuS in der Kalender-App den Tagen jeweils Aktivitäten zu, wobei sie auch die Dauer der Aktivitäten sowie die Wege zwischen den Aktivitäten oder der Unterkunft und der jeweiligen Aktivität bedenken.	Gruppenarbeit	Worksheet, digitale Endgeräte zum Recherchieren und Notieren, Kalender-App
Sicherung 2	1) Die SuS stellen ihre Reisen anhand grober Eckdaten (Ort, Zeiträume, Anreise, Übernachtung und drei ausgewählten Aktivitäten vor) und begründen, warum sie sich für die jeweiligen Planungskomponenten entschieden haben. Die SuS, die zuhören, vergleichen das Gehörte mit ihren eigenen Planungen, und prüfen, ob es gemeinsame oder ähnliche Aspekte gibt. 2) Die L bittet die SuS, einmal zu beschreiben, wie sie den Planungsprozess erlebt haben: a. *„How was planning this trip for you?"* b. *„What was easy?"* c. *„What was hard?"* d. *„Did you have other options for a place or activities? Why didn't you choose those?"* e. *„Would you do something differently the next time?"*	Plenum	Worksheet, digitale Endgeräte mit Kalender-App

Name:

Travel Log

Task: Plan a trip by filling in the gaps. Work together with your group members.

Aspects to cover	Notes
Destination (Where to go?)	
Duration (Stay for how long?)	
Travelling (How to get there?)	
Accommodation (Where to sleep?)	
Activities (What to do?) • How to get there? • Where are you before/after? • Costs? • Time necessary	1) 2) 3) 4)

Unterrichtsidee 4.2: *Sustainable Lifestyle* – Digitales Logbuch zum eigenen nachhaltigen Verhalten erstellen

Stundenthema/ Kurzbeschreibung	Die SuS erleben in einer Videosequenz die Relevanz eines nachhaltigen Lebensstils. Mit einem/einer anderen Schüler/-in und in der Kleingruppe sammeln sie Ideen, welches tägliche Verhalten gut für einen nachhaltigen Lebensstil ist. Die Ergebnisse werden in der Klasse zusammengetragen und dienen als Vorlage für die persönlichen Reflektionen der SuS in den kommenden Tagen. Täglich bzw. zu jeder Englischstunde schreiben die SuS einen kurzen Tagebucheintrag zu ihrem nachhaltigen Lebensstil (mit der App Notizen oder z. B. Daybook).
Digitale Medien	Digitale Endgeräte zum Verfassen der Tagebucheinträge, vorinstallierte Apps für Notizen, kostenlose Notizen-Apps oder z. B. die App Daybook
Vorbereitung	Wichtig ist zu klären, ob die SuS eigene Geräte verwenden oder Geräte der Schule genutzt werden, da davon abhängig ist, in welchem Umfang und wie häufig die Tagebucheinträge geschrieben werden können.
Material	Digitale Endgeräte (Smartphones oder Tablets), Video, IWB oder Laptop/Beamer, Worksheet
Sozialform	Einzelarbeit, Partnerarbeit, Gruppenarbeit, Plenum
Kompetenzbereich/ Lehrplanbezug	Die SuS setzen sich mit der Thematik *Sustainable Lifestyle* auseinander, indem sie • beschreiben, was einen nachhaltigen Lebensstil ausmacht und warum dieser wichtig ist, • mit einem/einer anderen Schüler/-in Aspekte eines nachhaltigen Lebensstils schriftlich festhalten, • ihre Ideen mit denen eines anderen Paares mündlich vergleichen, • alle Ideen in der Klasse vorgestellt und in einer Liste zusammengefügt werden, • über einen festgelegten Zeitraum Tagebuchnotizen verfassen, in denen sie schriftlich festhalten, welche der Aspekte eines nachhaltigen Lebensstils sie umgesetzt haben.
Achtung! ⚠	Je nach Verfügbarkeit kann die Nutzung eigener Geräte häufigere Einträge ermöglichen. Allerdings sollte diese Nutzung vorher besprochen werden.
Info zur Anwendung	Die Nutzung von Apps, die Notizen erlauben, ist meist sehr simpel und intuitiv. Wichtig ist, dass diese datiert werden können, was in den gängigen Apps meist der Fall ist. Die App Daybook ist extra für Tagebucheinträge konzipiert und in einer Basisversion kostenfrei. Allerdings muss ein Nutzerprofil angelegt werden, was bei vorinstallierten Apps auf den Geräten nicht der Fall ist. Auch wenn Daybook nicht genutzt werden sollte, kann diese App als ein Beispiel für eine Tagebuch-App gezeigt (dieses Zeigen geht auch ohne Nutzeraccount) und thematisiert werden, welche Verpflichtungen der/die Nutzer/-in mit dieser App im Vergleich zu vorinstallierten Apps auf den Geräten eingeht.

Stundenverlauf

Phase	Unterrichtsverlauf	Sozialform	Material
Einführung	Die L zeigt den SuS eine Videosequenz zum Thema *Sustainable Lifestyle*. Die SuS • benennen das Thema des Videos, • geben den Inhalt und die Aussagen des Videos wieder, • stellen Verbindungen zu ihrem eigenen Verhalten her und beschreiben dieses vor dem Hintergrund der Thematik.	Plenum	Video (z. B. per YouTube)
Erarbeitung 1	Mit einem/einer anderen Schüler/-in sammeln die SuS Aspekte, die ein nachhaltiges Leben kennzeichnen (Worksheet 1). Sie vergleichen ihre Ideen mit denen eines anderen Paares und kennzeichnen Unterschiede und Gemeinsamkeiten.	Partnerarbeit, Gruppenarbeit	Worksheet
Sicherung 1	Die L sammelt die Ergebnisse der SuS für alle einsehbar, indem eine Liste „*Our Sustainable Lifestyle*" erstellt wird.	Plenum	Worksheet
Erarbeitung 2	Jede/-r Schüler/-in erstellt eine digitale Notiz mit der Datierung des aktuellen Tages, in der er/sie notiert, 1) welche der Handlungen von der Liste „*Our Sustainable Lifestyle*" heute bereits durchgeführt wurden, 2) was die SuS davon heute / in den kommenden Tagen noch tun könnten.	Einzelarbeit	Digitale Endgeräte zum Notieren (z. B. die App Notizen des Herstellers oder Daybook)
Sicherung 2	Die SuS stellen ihre Notiz der Klasse vor und überlegen gemeinsam, was in den kommenden Tagen realistisch umzusetzen ist.	Plenum	
Hausaufgabe oder Erarbeitung in weiteren Stunden	Die SuS schreiben nun 1) entweder täglich als Hausaufgabe (für ca. 14 Tage) 2) oder in jeder Englischstunde in einem kurzen Zeitslot (für ca. 4 Wochen) in einer Notiz für den jeweiligen Tag, auf welche Weise sie sich mit dem Thema „nachhaltiges Leben" befasst haben.	Einzelarbeit	1) Digitale Endgeräte der SuS 2) Digitale Endgeräte in der Schule vorhanden

Name:

Sustainable Lifestyle

Task: Help to save our planet. What makes up a sustainable life for you? Note down things you can do to live more sustainably.

1) ______________________________

2) ______________________________

3) ______________________________

4) ______________________________

5) ______________________________

6) ______________________________

7) ______________________________

8) ______________________________

… ______________________________

… ______________________________

… ______________________________

… ______________________________

… ______________________________

… ______________________________

… ______________________________

… ______________________________

… ______________________________

… ______________________________

… ______________________________

… ______________________________

… ______________________________

… ______________________________

… ______________________________

… ______________________________

… ______________________________

Autor: Henriette Dausend: Digital unterrichten. Apps & Co. im Englischunterricht gezielt einsetzen. Band 2

Unterrichtsidee 4.3: *Waste of Digital Devices* – Recherchieren und Präsentieren (Klasse 9–13)

Stundenthema/ Kurzbeschreibung	Die SuS setzen sich mit der Aussonderung und Verschrottung von digitalen Endgeräten auseinander. Es werden die Fragen bearbeitet, wie oft und wie viele digitale Endgeräte produziert und verkauft werden, wie viele jährlich entsorgt werden und welche Arten der Entsorgung weltweit genutzt werden. Die Lernenden erleben die englische Sprache während ihrer Recherche als lingua franca und erhalten einen Überblick über den Umgang mit ausrangierten digitalen Endgeräten.
Digitale Medien	Digitale Endgeräte zur Recherche
Vorbereitung	Die L bittet die SuS nachzusehen, ob es bei ihnen zu Hause digitale Endgeräte gibt, die nicht mehr genutzt werden. Die SuS bringen diese Geräte mit in die Klasse. Die L bringt ebenfalls ein ausgesondertes Gerät mit, falls sie eins zur Verfügung hat.
Material	Ausgesonderte digitale Endgeräte, Endgeräte zur Recherche mit Internetzugang, Poster oder Tablets mit z. B. App BookCreator, Worksheet 1 und 2
Sozialform	Hausaufgabe im Vorfeld, Gruppenarbeit, Plenum
Kompetenzbereich/ Lehrplanbezug	Die SuS setzen sich mit der Thematik Entsorgung von digitalen Endgeräten auseinander, indem sie • den eigenen Haushalt auf nicht mehr zu gebrauchende digitale Endgeräte hin untersuchen; • das Leben eines digitalen Endgerätes und seinen Nutzen anhand ihrer alten Geräte rekonstruieren; • sich in der Kleingruppe mit einer Frage zur Entsorgung von digitalen Endgeräten intensiv beschäftigen; • den eigenen Arbeitsprozess in der Kleingruppe planen und steuern; • gewonnene Einsichten und Ergebnisse in einer Präsentation (analog oder digital) aufbereiten; • ihre Ergebnisse präsentieren; • sich Fragen zu den Präsentationen anderer SuS überlegen, notieren und diskutieren.
Achtung! ⚠	Soll die Präsentation digital erstellt werden, sollten genügend digitale Endgeräte vorhanden sein und eine Anwendung (z. B. BookCreator, PowerPoint, Prezi etc.) ausgewählt werden, die alle Gruppen nutzen, um die Einzelergebnisse hinterher zusammenführen zu können.
Info zur Anwendung	Die Präsentation kann mit einer App wie z. B. dem BookCreator digital erstellt und von der L in einer Datei zusammengefügt werden. Mittlerweile gibt es auch andere Anwendungen, mit denen einzelne Poster oder Seiten digital erstellt und entweder in einer Galerie, einem Buch oder auch einer Präsentation (z. B. Prezi, PowerPoint) ausgestellt bzw. zusammengefügt werden können. Es ist auch möglich, ein Poster zu erstellen und im Klassenraum aufzuhängen, wenn z. B. die Ergebnisse kontinuierlich einsehbar sein sollen.

Stundenverlauf

Phase	Unterrichtsverlauf	Sozialform	Material
Hausaufgabe	Die L bittet die SuS, nachzusehen, ob es bei ihnen zu Hause digitale Endgeräte gibt, die nicht mehr genutzt werden. Die SuS bringen diese Geräte mit in die Klasse. Die L bringt ebenfalls ein ausgesondertes Gerät mit, falls sie eins zur Verfügung hat.	Einzelarbeit	Ausgesonderte digitale Endgeräte
Einführung	Die L zeigt den SuS ihr digitales Endgerät, lässt sie dieses beschreiben und darüber spekulieren, warum es nicht mehr in Gebrauch ist: • „*What is it?*“ • „*What is it good for?*“ • „*Why don't I use this item anymore?*“ Nun zeigen einige SuS ihre Geräte, benennen, • worum es sich dabei handelt; • wofür diese genutzt werden; • warum sie nicht mehr in Gebrauch sind.	Plenum	Ausgesonderte digitale Endgeräte
Erarbeitung 1	Die L teilt die SuS so in Gruppen auf, dass in jeder Gruppe mindestens ein ausgesondertes digitales Endgerät vorhanden ist. Die SuS schreiben gemeinsam einen kurzen Steckbrief (Worksheet 1) über das Leben des Gegenstandes.	Gruppenarbeit	Ausgesonderte digitale Endgeräte, Worksheet 1
Präsentation 1	Die SuS lesen ausgewählte Steckbriefe vor.	Plenum	Ausgesonderte digitale Endgeräte, Worksheet 1
Erarbeitung 2	Jeder Gruppe wird eine Recherchefrage zugelost. Mögliche Fragen: • „*What happens to digital devices that are no longer used?*“ • „*Which parts of which devices can be used to create something new?*“ • „*Why do people stop using their digital devices?*“ • „*How long do people use digital devices on average?*“ • „*How many digital devices and which are produced worldwide each year?*“ • „*How much money is spent on digital devices each year and for which?*“ Gemeinsam planen die SuS Schritte, wie sie die Recherche umsetzen wollen (Worksheet 2). Dabei benennen sie • die Handlung (*What do we do?*), • die geplante Zeit für die Handlung (*How long does it take?*), • Dinge, die benötigt werden für die Handlung (*What do we need?*), • eine/-n Schüler/-in, der/die für den jeweiligen Handlungsschritt verantwortlich ist (auch wenn alle anderen mitarbeiten: *Learner responsible*).	Kleingruppe	Worksheet 2 Digitale Endgeräte zur Recherche, Poster oder Tablets mit der App BookCreator, Prezi oder PowerPoint

	Im gesetzten Zeitrahmen bearbeiten die SuS ihre Fragen entlang der geplanten Schritte und erstellen eine Präsentation (ein analoges Poster für den Klassenraum oder eine digitale Seite in einer digitalen Anwendung) zu ihrer Frage. Die Poster können im Klassenraum aufgehängt oder die digitalen Seiten von der L zu einer Datei zusammengefügt und den SuS zur Verfügung gestellt werden.		
Präsentation der Recherche	Jede Gruppe stellt ihre Ergebnisse in der Klasse vor. Jede/-r Schüler/-in soll sich am Ende jeder Präsentation eine Frage an die Gruppe notieren.	Plenum	Präsentationen (analog oder digital)
Diskussion der Recherche	Im Anschluss an die Präsentationen können in einem Kreisgespräch die formulierten Fragen der SuS gestellt und beantwortet werden.	Plenum	

Name:

Waste of Digital Devices

Task: In your group, create a profile for one of the digital devices you are not using anymore. If you do not know the correct answer for a slot in the profile, think about an imaginary solution (e.g., place of birth: factory in Asia).

Date of birth: ______________________

Place of birth: ______________________

Colour: ______________________

Shape: ______________________

My way into the shop: ______________________

____

____

Shop I was bought in: ______________________

I was used for: ______________________

____

____

My best days were when: ______________________

____

____

____

Name:

Waste of Digital Devices

Task 2: Plan your steps how to answer your question. Fill in the table.

Action	How long does it take?	What do we need?	Learner responsible

Autor: Henriette Dausend: Digital unterrichten. Apps & Co. im Englischunterricht gezielt einsetzen. Band 2